AF384748

27
L n 20099.

ÉLOGE

DU

MARÉCHAL DE VAUBAN;

Par M. DE VERGNES,

CAPITAINE AU CORPS ROYAL DU GÉNIE.

C'est par sa vie publique qu'un homme a droit aux éloges publics.

A PARIS,

Chez Firmin DIDOT, libraire pour l'art militaire, les mathématiques et l'architecture, rue Dauphine, n° 116.

M. DCC. LXXXIX.

ÉLOGE

DU

MARÉCHAL DE VAUBAN.

A MM. LES QUARANTE

DE L'ACADÉMIE FRANÇOISE.

MESSIEURS,

LE grand homme que vous célébrez aujour-
d'hui mérita l'estime et la vénération de ses con-
temporains, et ces sentiments ont passé sans ré-
serve à la postérité. Il n'est pas un François qui ne
connoisse ses services, ses succès militaires, son
humanité, son amour pour la patrie. Il se consacra,
dès sa jeunesse, et pendant tout le cours de sa vie,
à la défense de ses concitoyens. Il fut distingué
par un roi qui se connoissoit en hommes, et fut
élevé par lui aux premiers grades du militaire
françois.

A 2

Cependant on insulte à sa mémoire ; on veut persuader à la nation qu'elle a mal placé son admiration et sa reconnoissance. On ne nie pas, il est vrai, ses succès brillants dans l'attaque des places; il a fait révolution dans cette partie de l'art militaire, et avec un éclat qu'on ne pouvoit espérer de ternir : mais on lui conteste précisément la connoissance de l'art qu'il pratiqua toute sa vie, celui du fortificateur. On n'aura loué complètement ce grand homme, qu'après avoir détruit les raisonnements captieux par lesquels on ose attaquer cette partie de ses talents, et montré toute l'étendue de son génie.

Ceci, MESSIEURS, me paroît extrêmement difficile. Comment exposer clairement les principes qui dirigeoient ce grand ingénieur ? et, sur-tout, comment intéresser ? L'art de la fortification exige des combinaisons froides : ce sujet ne prête point aux grands mouvements de l'éloquence, et c'est l'éloquence que vous voulez couronner. Dès le premier pas je me sens découragé ; cependant, animé de l'enthousiasme qu'inspire la méditation des ouvrages de Vauban, dois-je désespérer de vous en communiquer une partie ?

On refuse encore à ce grand homme les qualités qui conviennent aux administrateurs des empires, et ceci doit toucher de plus près le cœur des François. Ils l'ont toujours aimé et respecté comme un homme d'état éclairé, sensible et bienfaisant. Toute une nation se seroit-elle trompée ? J'essaierai, MESSIEURS, de vous peindre les grandes vues et les rares qualités de ce cœur vraiment citoyen. L'amour et l'estime de la France pour ce grand homme m'assurent de son indulgence pour mes efforts.

Je vais donc considérer Vauban sous deux points de vue : comme ingénieur, et comme homme d'état.

Il est heureux pour moi d'avoir à parler devant une assemblée composée de citoyens choisis dans tous les ordres. Le militaire qui sait également manier, comme César, la plume et l'épée, appréciera le mérite de Vauban dans l'art de la guerre. Le prélat sensible, qui parle toujours le langage de la vertu, et dont la conduite en donne l'exemple, aimera sans doute le portrait d'un ami des hommes, qui fut sans cesse occupé de leur bonheur, et sur-tout du soulagement de la classe la plus infortunée de la société. Enfin le pere de famille sera touché d'apprendre qu'il doit à ce grand homme le repos et la félicité dont il jouit, et surtout que ses fils et ses petits-fils lui seront redevables de la même tranquillité.

L'ÉDUCATION de Vauban dans l'art qui l'a rendu célebre fut l'expérience des sieges ; expérience rare aujourd'hui, et qui perfectionne seule les talents des ingénieurs. Un moyen aussi sûr d'apprécier la force et la foiblesse des villes de guerre lui donna de bonne heure ce coup-d'œil prompt et juste, et, si je puis m'exprimer ainsi, cet instinct qui le distingue de tous les ingénieurs qui se sont fait un nom. Soit qu'il attaquât, soit qu'il préparât une défense, il ne se trompa jamais dans le choix des lieux et des moyens. Il semble même qu'il n'hésitoit pas, sur-tout après qu'il eut changé les méthodes adoptées de son temps.

Avant lui les sieges étoient longs ; des tranchées faites avec régularité, mais isolées, conduisoient à des batteries de breche établies communément à une assez grande distance de la ville assiégée. Il est vrai que les forteresses avoient alors le défaut de présenter à leurs coups presque tout leur revêtement. Les sorties fréquentes des assiégés détruisoient souvent des travaux qui ne se protégeoient pas les uns les autres. Enfin quand la breche étoit faite, l'assiégeant marchoit à l'assaut, exposé à découvert au feu de l'assiégé, qui demeuroit invisible derriere ses remparts. Se présentoit-il des obstacles, il falloit les franchir de vive force ; la perte des hommes étoit immense.

Vauban imagina ces fameuses paralleles qui unissent ensemble tous les travaux d'un siege ; il y établit une garde nombreuse, capable de défendre les ouvrages avancés ; il les plaça à une telle distance les unes des autres, que l'assiégeant avoit moins de chemin à faire pour secourir ses tranchées, que l'assiégé pour les attaquer. Il donna à ces paralleles une telle étendue, qu'elles envelopperent toute la partie attaquée, et que les sorties ne furent plus encouragées par l'espérance du suc-

cès..Les travaux des sieges avancerent dès lors avec
sûreté, et, pour ainsi dire, sans aucun risque.
C'est ainsi qu'il ménageoit la vie des hommes,
toujours précieuse à ses yeux. Aussi les soldats l'a-
doroient-ils, parcequ'ils n'ignoroient pas combien
il étoit avare de leur sang, et combien il différoit
de ces généraux qu'on voit ardents pour les triomphes d'éclat, mais peu soucieux du nombre des
têtes qu'ils sacrifient pour les obtenir.

Une invention qui diminua beaucoup la longueur des sieges, fut la maniere dont il fit tirer le
canon. Autrefois le boulet, lancé rapidement,
frappoit avec force, mais ne frappoit qu'une fois:
il imagina de diminuer sa vîtesse, et de le diriger
le long des remparts. Cette arme redoutable les
parcourt alors d'un bout à l'autre, quoiqu'elle pa-
roisse terminer sa course à chaque pas. Malheur à
ceux que le devoir expose à ses bonds perfides! La
mort de quelques soldats n'est pas encore ce que
l'assiégé a le plus à craindre du ricochet: les ca-
nons, sa puissante défense, sa derniere ressource
dans un assaut, ne peuvent rester sur les remparts
exposés aux boulets bondissants; il détruit leurs
supports, les renverse, et les met hors de service.

Je n'entrerai point, MESSIEURS, dans le détail
des autres inventions de Vauban, qui porterent
à une si haute perfection l'art de l'attaque des
places. Les deux puissants moyens que je viens
de décrire démontrent assez la justesse de ses
combinaisons. Peu de personnes connoissoient

A 4

de son temps toute la force des méthodes
qu'il employoit. Un grand nombre ne voyoit que
des fossés dans ses parallèles, qu'une économie
de poudre dans sa maniere de tirer à ricochet :
mais les sieges qu'il entreprenoit étoient courts,
nulle forteresse ne tenoit devant lui, et ce mérite frappoit tous les yeux. Il a pris quelquefois
des places sans être présent à leur attaque.

Une armée françoise assiégeoit Montmélian :
l'entreprise menaçoit de traîner en longueur :
Vauban étoit en Picardie ; on lui fait parvenir
un plan de la forteresse attaquée, avec quelques
détails sur son relief ; il trace sur ces dessins
la méthode qu'il convient d'employer pour la
prendre, et les renvoie. On suit ses conseils,
et Montmélian capitule. Deux traits de crayon
décident en Picardie du sort d'une ville de Savoie.
Ces faits parlent, et personne ne peut refuser
son admiration au génie qui semble ainsi com-
mander à toutes les forteresses de l'Europe.

Si Vauban fut un redoutable assiégeant, il
n'en éleva pas moins à un haut degré de force
les places de guerre. L'envie essaie aujourd'hui
d'affoiblir cette vérité. Elle cherche à persuader
qu'il porta toutes les ressources de son génie
vers l'attaque des places, comme la partie la
plus brillante de son art, et négligea celle qui
tient de plus près à la défense et à la protection
de ses concitoyens. Loin de nous une opinion
aussi fausse et aussi injurieuse à la mémoire de

ce grand homme! Les grands défauts des villes anciennes frapperent d'abord ses yeux , et ses méditations , durant toute sa vie , tendirent à les faire disparoître. C'étoit une occupation favorite de son cœur. Cette belle ame s'intéressoit vivement au sort d'un assiégé que la force contraint de s'enfermer dans des murailles. La force avoit à ses yeux le caractere de l'injustice , et la foiblesse les traits du malheur.

Je vais essayer , MESSIEURS , de vous décrire la maniere dont Vauban perfectionna l'art de la fortification. C'est ici que j'ai besoin de votre indulgence : les objets que je vais traiter sont dénués d'intérêt ; mais est-il rien de froid , pour un cœur citoyen , de ce qui tient à la conservation de la chose publique ?

L'art de bâtir les forteresses réunit plusieurs parties intéressantes , toutes également nécessaires à connoître. Les unes sont étroitement liées à l'art de la guerre , et les autres tiennent plus particulièrement aux détails de construction. Quoique Vauban ait été recommandable dans toutes , et qu'il fût même le plus grand artiste de son temps , je ne parlerai de ses talents que relativement à celles qui exigent un coup-d'œil vraiment militaire. Sous ce point de vue la fortification se divise en trois objets principaux : les principes généraux du tracé et du relief des places de guerre, le choix des lieux qu'elles doivent occuper, et leur disposition sur le terrain choisi.

Vauban n'a point ajouté de piece essentielle au système de fortification généralement adopté de son temps. Il vit que pour se mettre à l'abri de la fureur d'un ennemi supérieur en nombre, il faut nécessairement s'envelopper d'une enceinte de murailles, et que cette enceinte doit être composée de lignes droites, puisque les armes à feu sont destinées à la protéger. L'enceinte bastionnée lui parut la plus parfaite, parcequ'il n'est aucune de ses parties qui ne soit défendue par d'autres plus reculées, et moins exposées aux attaques : il l'adopta et la perfectionna.

Mais il fit faire un grand pas à la fortification, lorsqu'il la rendit rasante, c'est-à-dire lorsqu'il l'enterra de maniere qu'il ne fût plus possible de la battre en breche de loin, comme autrefois. En approchant aujourd'hui d'une ville de guerre, à peine distingue-t-on la forme de ses ouvrages. Leur prolongement est difficile à trouver, souvent même impossible; ce qui met de l'incertitude dans l'établissement des pieces d'artillerie destinées à battre à ricochet. Semblables à des pieges préparés pour les bêtes féroces, les remparts n'offrent plus aux yeux qu'une verdure riante et trompeuse, qui couvre des précipices et la mort.

Une idée neuve, et qu'on doit aux réflexions de ce grand ingénieur, c'est d'avoir séparé de l'enceinte les bastions, objet principal de son système des tours bastionnées. Un gouverneur est doué d'une grande intrépidité, conduit même par la témérité, lorsqu'il ose résister à un assaut sur les bastions ordinaires : le moindre revers expose toute la garnison à être passée au fil de l'épée. Il est vrai qu'on a quelquefois le temps de préparer des retranchements en arriere des breches ; mais ils sont rarement capables d'une forte résistance. C'est donc une idée vraiment ingénieuse que celle d'avoir séparé les bastions du corps de la place ; il est possible désormais de les défendre avec opiniâtreté.

Voilà les principaux changements que Vauban fit au tracé général de la fortification. Vous voyez, MESSIEURS, qu'il fut guidé par d'excellentes réflexions, et qu'elles annonçoient en lui une grande connoissance des hommes et de l'art militaire.

Mais où brille particulièrement le génie fortificateur, c'est dans le choix du lieu que doit occuper une forteresse. La plus grande force d'une place doit être toujours dans sa situation. Cette partie de l'art, MESSIEURS, tient au grand art de la guerre. Les Turenne, les Frédéric avoient le double talent de faire mouvoir les armées de maniere à forcer la victoire à les suivre, et de les poster sur des lieux favorables à leur repos et redoutables à leurs ennemis ; mais, après ces grands noms, il est des généraux qui sont parvenus à la gloire, et qui ont mérité la reconnoissance de leurs concitoyens, quoiqu'ils n'aient été doués que de l'un de ces deux talents. Tel fut souvent surpris dans son camp , qui répara toujours ses fautes au moment du réveil , en remportant une glorieuse victoire. Tel autre a perdu des batailles , qui , par une position avantageuse, arracha toujours à son ennemi le fruit de son heureuse fortune.

Or , le talent de bien situer une forteresse est précisément le même que celui de bien situer un camp. Une armée , plus nombreuse qu'une garnison , exige des positions plus étendues ; ayant plus de bras, elle n'a pas besoin de rencontrer, encore moins d'élever , autant d'obstacles aux attaques de l'ennemi; voilà toute la différence: mais il faut la même perception , le même génie , pour saisir la situation avantageuse d'un camp et celle d'une forteresse. Vauban étoit doué à cet égard du coup-d'œil le plus juste et le plus sûr. Je vais en donner quelques exemples.

Avant lui les citadelles avoient pour unique objet de contenir dans le devoir les villes grandes et peuplées. Vauban leur donna une autre propriété , celle de doubler la force de ces villes. Il a rempli ce double objet par la seule position des citadelles de Lille et de Strasbourg. En effet , elles ne peuvent être assiégées qu'après la prise des villes qu'elles protegent.

Tous les militaires instruits connoissent sur les frontieres des trois Evêchés le camp de Sierk , que Villars occupa long-temps en présence de l'armée de Marlborough , de beaucoup supérieure à la sienne. Vauban connoissoit la force de ce poste avant qu'elle fût démontrée par l'expérience ; mais comme il étoit trop étendu relativement à ses vues, trop reculé vers l'intérieur du royaume, lorsque les frontieres enfermoient la ville de Treves, il chercha et trouva au-delà de cette ville une position plus petite, et qui dominoit, aussi bien que Sierk, la vallée de la Moselle. Il y construisit Mont-Royal ; et c'est ainsi que les hommes de génie s'accordent dans les moyens, quoique différents, de parvenir au même but.

Si Vauban saisissoit bien les avantages d'une position nouvelle à occuper, il appercevoit de même tous ceux qu'on peut tirer d'un poste déja connu redoutable. Au milieu des bois de l'Ardenne est un petit canton découvert, cultivé, et qui pourroit fournir à la subsistance d'un petit corps de troupes. Dans le centre de ce canton est une forteresse bâtie par Charles-Quint, qui par sa position est de la plus grande force. On la nomme Charlemont. Cette place n'est accessible que par un seul côté, sur lequel on a construit différents ouvrages en arriere les uns des autres. Tout le terrain sur lequel l'assiégeant seroit forcé de creuser ses tranchées, est un roc presque à découvert. Vauban sentit l'avantage d'une telle situation ; mais comme la ville est très resserrée, il vit en même temps qu'un corps de six ou sept mille hommes, obligé de se retirer sous sa protection, seroit trop à l'étroit dans l'intérieur de cette place. Il éleva sur le mont d'Haurs, qui est vis-à-vis, un camp retranché. Les troupes qui l'occuperoient renouvelleroient aisément tous les jours la garnison de Charlemont, si on attaquoit cette place la premiere; et personne n'ignore combien une défense est vigoureuse, quand on peut éloigner des attaques la partie des soldats qui a besoin de repos. Ce camp est situé entre deux escarpements de rochers très élevés, bordés l'un par la Meuse, et l'autre par une riviere étroite et profonde. Pour l'attaquer, il faudroit gravir l'un et l'autre de ces escarpements, en présence de la petite armée, qui se défendroit avec avantage, même en ne roulant que des pierres sur la tête de ses ennemis. S'ils parviennent au sommet de la montagne, les troupes du camp peuvent encore prendre plusieurs positions successives en arriere, ayant toujours un de leurs flancs protégé puissamment par le canon du camp retranché. Sont-elles forcées de s'y renfermer; elles s'y défendront avec autant d'avantage que dans une place de guerre. Enfin, si l'ennemi s'empare du camp même, il n'en fera jamais aucun usage, parceque son intérieur se présente de revers à la forteresse de Charlemont, et qu'il en est entièrement dominé. Est-il une position plus forte, plus aisée à défendre? Un corps de troupes de six ou sept mille hommes, pourvu des munitions dont il auroit besoin, devroit y arrêter une armée de

cinquante mille, au moins une campagne en-
tiere.

D'après ce peu de mots, Messieurs, vous sen-
tirez sans doute combien Vauban étoit habile à
choisir les positions sur lesquelles il asseyoit ses
forteresses ; c'est néanmoins ce talent qu'on ose
lui disputer. La ville de Landau, dit-on, chargée
de défendre l'entrée de la basse Alsace, ne rem-
plit pas le but qui fit élever ses remparts, puisque le prince Charles dédaigna depuis cette forteresse, et pénétra dans le royaume sans l'attaquer. Que cette objection est foible aux yeux
d'un militaire instruit ! Le prince Charles resta-
t-il long-temps en Alsace ? s'avança-t-il beaucoup
dans l'intérieur du royaume ? et ne fut-il pas
forcé de rétrograder ? Veut-on que des places fer-
ment hermétiquement une frontiere ? et nous
propose-t-on de renouveller la folie d'un peuple
célebre, mais peu renommé dans l'art militaire ?
La France enfin s'environnera-t-elle d'une muraille comme la Chine ? On sait que cette fameuse
muraille, élevée avec tant de frais, n'a pas
arrêté les Tartares, et ne les a pas empêchés
de conquérir plusieurs fois ce vaste royaume.
Des places ne peuvent et ne doivent pas, même
par leur trop grande proximité, s'opposer à la marche des armées ennemies ; il faudroit trop les multiplier : il suffit que ces armées s'exposent, en les
bravant, à se voir enlever les secours dont elles
auront besoin ; ce qui sera toujours facile à des

garnisons vigilantes. Tels sont les principes qui dirigeoient Vauban ; principes sages, et dont tous les grands généraux ont senti le mérite.

Il ne suffit pas de bien choisir les positions propres à asseoir une ville de guerre, il faut encore adapter parfaitement sa fortification au terrain. Une place, quoique bien située, pourroit être disposée de maniere qu'on l'attaqueroit avec un grand avantage. Il seroit, je crois, dangereux d'en citer des exemples ; mais Vauban disposa toujours bien ses forteresses. Tous ses-prédécesseurs, esclaves d'une vaine régularité, semblent avoir peu connu cette partie de l'art. C'est lui qui l'a créée ; et tout ingénieur instruit ne peut qu'être frappé d'admiration en voyant combien son crayon, toujours ferme et assuré, découvre de combinaisons justes et profondes : c'est sur-tout ici que brille son génie ; et je pourrois nommer, pour le prouver, toutes les places fortes qu'il a bâties, même les parties qu'il a ajoutées aux villes anciennes. Tous ses ouvrages en ce genre sont des chefs-d'œuvre.

Allez, jeunes éleves ; parcourez les frontieres de ce royaume ; promenez-vous en silence sur les remparts qu'éleva la main du plus grand ingénieur de l'Europe. Observez ici comment il dirige les faces de ses ouvrages sur le cours d'une riviere, ou le long du penchant rapide d'une montagne, afin d'ôter à l'assiégeant la facilité de les battre à ricochet. Là ce sont des flancs qu'il place de maniere à ne pouvoir être contre-battus. Plus loin, il

semble

semble abandonner la régularité , et s'avancer
sans raison dans la campagne : mais remarquez
une vallée étroite, où l'ennemi ne pourra faire
un pas sans être découvert. Ne vous effrayez pas
de trouver tout un côté foible et dénué de remparts ; n' appercevez-vous point ces écluses qui
formeront dans un moment une inondation que
l'ennemi n'osera franchir ? Voyez au milieu de
cette plage d'eau une piece inaccessible , qui for-
cera l'assiégeant à respecter tout ce qui l'avoisine.
Admirez par-tout cette facilité avec laquelle le
tracé de cet habile maître se prête aux inflexions
du terrain, et dérobe l'assiégé aux vues de toutes
les hauteurs environnantes. Mais on me reproche-
ra peut-être de n'avancer que des généralités.

Je voudrois, MESSIEURS, pouvoir vous décrire
Dunkerque , que Fontenelle appelloit le chef-
d'œuvre de Vauban , et par conséquent celui de
son art; mais les malheurs de la guerre ont bien
changé l'aspect de cette forteresse : ses remparts
sont rasés ; des édifices ont été élevés sur leurs
fondements : son port est comblé en partie. Dé-
tournons plutôt les yeux d'une place qui rappelle
à des cœurs françois des sentiments tristes et pé-
nibles ; ou si nous arrétons un moment nos regards
sur cet ancien boulevard de nos frontieres, que ce
soit pour bénir à jamais le regne qui va lui rendre
l'importance qu'il avoit autrefois. Vauban pen-
soit que la protection du royaume tenoit en partie
à l'existence de cette forteresse , et il avoit em-

B

ployé tous ses talents à la bâtir. Espérons qu'on adoptera bientôt ses vues, et que Dunkerque redeviendra un boulevard aussi puissant pour nous, que redoutable à nos ennemis.

C'est à Mont-Royal que je voudrois vous faire admirer le génie qui dirigeoit Vauban quand sa main traçoit une forteresse. Ce plateau est environné par la Moselle de trois côtés, et très élevé au-dessus de cette riviere. Elle borde son escarpement en faisant un long circuit. La place n'étoit accessible que par deux côtés; et comme l'un de ces accès étoit très long et très étroit, Vauban y avoit multiplié les pieces de fortification les unes derriere les autres, de maniere à détourner un ennemi de l'attaquer par là. Les différents ouvrages du côté qui demeuroit attaquable étoient disposés de telle sorte, qu'il n'étoit pas possible d'en battre aucun avec l'arme redoutable du ricochet. Peu de leurs flancs pouvoient être contre-battus. Pour y préparer une défense vigoureuse, il avoit séparé les bastions de l'enceinte par des retranchements intérieurs. Plusieurs autres dispositions attestent l'art et le génie de Vauban aux yeux d'un ingénieur qui se promene sur les débris de cette place. Elle n'est plus, et les vicissitudes de la guerre ont fait passer cette forteresse sous le pouvoir de nos voisins; mais elle fut auparavant démolie. On y reconnoît encore les traces de la main d'un grand maître; elles sont couvertes de ronces et d'épines, et le plus morne silence y a succédé au bruit des armes protectrices.

Je ne vous détaillerai pas, MESSIEURS, toutes les ressources du génie de Vauban, et tout le parti que cette habile main savoit tirer des lieux et des situations ; mais je ne puis me refuser au desir de vous peindre l'art admirable avec lequel il fit servir les eaux à la défense des places.

Représentez-vous des guerriers intrépides marchant à un assaut : la colonne descend en silence dans le fossé, gravit hardiment une breche étroite et escarpée : elle trouve de la résistance au sommet : l'action commence : l'assiégé, quoique plus foible, tient ferme quelque temps, favorisé par l'avantage du lieu : les rangs se pressent, et les attaquants obstinés ne forment plus qu'une seule masse depuis leurs dernieres tranchées jusqu'au lieu resserré où se livre le combat. Tout-à-coup les écluses s'ouvrent ; un bruit sourd et menaçant étonne déja la colonne assiégeante : bientôt elle voit s'avancer une montagne d'eau écumante et furieuse. Aucun n'a le temps de prendre la fuite. Le torrent arrive en roulant avec rapidité ; il renverse tout ce qui s'oppose à son passage. Les malheureux soldats effrayés, sans force contre une arme aussi redoutable, sont entraînés au loin dans les sinuosités du fossé ; trop heureux qu'une main secourable les y attende, pour les sauver au moment qu'ils ne sont plus à craindre. La troupe des attaquants est divisée par les eaux. Quelle doit être la consternation des braves qui marchoient à la tête ! Placés entre des ennemis devenus les plus

forts, et un torrent qui menace de les engloutir,
il ne leur reste que le choix de la mort ou des fers.
Ils se rendent : ils déposent aux pieds de leurs
vainqueurs ces armes qu'ils agitoient l'instant
d'auparavant d'une maniere si terrible et si me-
naçante. On enleve les morts, les blessés : tout se
retire ; la breche ensanglantée demeure déserte ;
les eaux s'écoulent, et les assiégés offrent aux as-
siégeants la facilité d'un nouvel assaut. Impru-
dents, redoutez ce perfide silence, les défenseurs
ne sont pas éloignés : leur prompte retraite vous
dit : Approchez, braves ennemis ; la résistance et
la mort vous attendent.

Voilà, MESSIEURS, une foible esquisse des idées
de Vauban. Ce grand homme s'est gardé de nous
les transmettre par écrit, peut-être afin de laisser
aux ennemis qui voudroient attaquer ses forteresses, l'embarras que doit causer l'incertitude de
leur foiblesse ou de leur force : mais il nous a montré les principes qui le conduisoient, en les gra-
vant sur tous ses ouvrages, en les consignant dans
toutes les places qu'il a bâties. C'est un livre à mé-
diter avec attention ; il est ouvert à tous les yeux.
Heureux qui sait lire dans ce livre immortel !

Il est des hommes qui, après avoir parcouru
toutes les forteresses de l'Europe, n'ont apperçu
que des courtines et des bastions ; semblables à
ces voyageurs qui, après avoir visité tous les édifices d'une grande ville, n'ont vu que des habita-
tions et des rues. Vauban n'a fait que des enceintes

bastionnées, dit-on, et les bastions étoient inventés avant lui ; comment peut-il être un ingénieur célebre? Comme si l'on disoit : Catinat, qui n'a gagné que des batailles, n'étoit pas un grand général, puisqu'assurément il n'inventa pas l'art de les gagner.

Quoi! Vauban ne fut pas un grand ingénieur! quel rival osera-t-on lui préférer? sera-ce Coëhorn, ce célebre Hollandois, qui tourna tout son génie vers les ressources de la défense, et qui sembla faire peu de cas lui-même de ses méditations, en négligeant de les appliquer aux forteresses qu'il éleva depuis? sera-ce Cormontaingne, cet ingénieur françois, dont le mérite commence à être connu, et dont les étrangers viennent étudier les ouvrages? Ces deux émules de Vauban sont dignes en effet de lui être comparés ; mais il me semble que la renommée ne doit les placer qu'après lui.

Cormontaingne s'étoit formé en méditant toute sa vie sur les monuments du génie de Vauban : plus capable qu'un autre de les apprécier, il fut pénétré de respect et de vénération pour sa mémoire. Mais ce n'étoit pas un admirateur servile : il osa perfectionner les idées de son modele sur le tracé général de la fortification ; et les changements heureux qu'il y fit sont généralement adoptés aujourd'hui ; Vauban lui-même les auroit approuvés.

C'est dans l'art de disposer les forteresses sur le terrain qu'il convient de comparer ces deux grands ingénieurs. Vauban, guidé par son instinct, voit du premier coup-d'œil tous les avantages et tous les défauts du site : son imagination vive se représente une troupe de soldats attaquants, une autre de défenseurs ; il place ceux-ci dans la situation la plus favorable, et dès ce moment sa forteresse est tracée. Cormontaingne marche avec plus de lenteur ; il pese, il combine, il hasarde une piece de fortification, et ne se détermine à lui laisser la situation qu'il lui a donnée, qu'après s'être convaincu qu'elle est la meilleure. L'un saisit les grandes masses, et laisse souvent à d'autres la perfection des détails : l'autre voit tout, n'omet rien, et finit lui-même tous ses ouvrages. Celui-là sent qu'on ne peut faire mieux, celui-ci pourroit le démontrer.

Mais où Vauban semble être tout-à-fait supérieur à Cormontaingne, c'est dans les considérations qui déterminent la grandeur d'une ville de guerre. Le premier embrasse dans ses vastes combinaisons toute l'étendue d'un royaume, et détermine juste la force de chaque point par rapport à l'ensemble des frontieres : le dernier, plus occupé du lieu qu'il fortifie, fait quelquefois trop, pour faire mieux. Vauban, plus homme d'état, donne à la France les forteresses qui lui suffisent : Cormontaingne, plus fortificateur, paroît avoir, si je puis m'exprimer ainsi, la manie des grandes places ; conduit peut-être par cette vérité, que les grandes places se défendent à proportion beaucoup mieux que les petites. Mais si toutes les frontieres d'un royaume étoient garnies de pareilles forteresses, on seroit forcé de morceler toute l'armée pour les conserver ; à peine resteroit-il un soldat pour tenir la campagne. Ce seroit, je pense, un foible moyen de s'opposer à l'invasion d'un ennemi. Les combinaisons de Vauban paroissent donc plus justes et susceptibles de réunir plus de suffrages.

Il sera moins difficile de faire sentir sa supériorité sur Coëhorn. Les hasárds de la guerre ont une fois opposé ces deux rivaux l'un à l'autre : ce fut au siege de Namur. Coëhorn avoit élevé en avant des châteaux un fort redoutable, nommé le Fort-Guillaume ; il l'avoit placé sur un plateau avantageux, et l'avoit construit avec toutes les recherches de son art ; ce fort étoit très difficile à prendre de vive force, et Coëhorn lui-même le défendoit. Vauban ne l'ignoroit pas. Il remarqua que l'ingénieur hollandois n'avoit pas tout prévu, et que cette forteresse si redoutable étoit privée de l'avantage précieux d'une communication sûre avec les fortifications plus reculées des châteaux. D'après cette observation, Vauban dirigea l'attaque de maniere à couper cette communication, et le Fort-Guillaume fut forcé de capituler, sans avoir été attaqué dans les formes. Quelle leçon énergique, MESSIEURS ! et quel dut être le désespoir de Coëhorn ! Aussi, lorsque la garnison de ce fort défila devant l'armée françoise, tout le monde remarqua-t-il que l'ingénieur hollandois, en passant près de Vauban, détourna les yeux, comme s'il eût été humilié de voir en lui son maître.

Je crois vous avoir prouvé, Messieurs, que Vauban fut le plus grand ingénieur de l'Europe. Cependant on reproche à ses forteresses de ne pas résister autant que sembloit le promettre la main qui les éleva. Oserai-je en donner une raison ?

L'art de se défendre est un art de finesse, et, si j'ose le dire, de chicane, encore plus que celui d'attaquer. La ruse convient mieux au foible qu'au fort. Il est en France un corps de militaires dont toutes les études sont tournées vers cette ruse et cette finesse ; cependant songea-t-on jamais à lui confier la défense des villes assiégées ? Que faut-il donc pour se défendre avec gloire ? Du courage dans le cœur, de l'ordre dans l'esprit, de la promptitude à profiter des fautes de ses ennemis , et sur-tout le talent d'employer toutes les ressources de son poste.

Oh ! combien nous devons regretter qu'un homme aussi habile que Vauban n'ait jamais été chargé de la défense d'une ville de guerre ! L'occasion s'en offrit une fois : quand des malheurs réitérés eurent conduit la France à deux doigts de sa perte, Louis XIV le chargea de protéger , avec un foible corps de troupes, la frontiere maritime de la Flandre. Il avoit ordre de s'enfermer dans celle des villes que les Impériaux oseroient attaquer ; mais son nom leur en imposa.

Qu'il eût été utile, intéressant, instructif de voir ce grand ingénieur déployer tous ses talents dans la défense d'une place, faire usage de toutes les ressources de son génie, et prouver la force des remparts qu'il avoit élevés ! Il brûloit du desir de montrer, par son exemple, combien il reste d'avantages à un défenseur courageux. Sensiblement peiné de n'avoir pu donner cette marque d'amour à ses compatriotes, il a voulu du moins leur être utile long-temps encore après lui, en leur léguant dans un ouvrage les conseils qu'il auroit suivis lui-même s'il eût été défenseur de quelque forteresse.

O vous qui commandez dans les places de guerre, vous à qui l'on a confié la protection de l'état, méditez sans cesse, et dans le silence de la paix, sur cet ouvrage précieux ! Il est écrit avec la noble simplicité d'un militaire qui veut instruire sans ostentation. Pénétrez-vous des principes qu'il renferme, et que le François devienne aussi redoutable derriere des remparts, qu'il l'est déja lorsqu'il les attaque.

Deux sortes de bienfaiteurs des nations peuvent être appellés hommes d'état : les uns ont les yeux toujours ouverts sur la moindre démarche des peuples voisins de leur patrie ; ils pénetrent dans le secret des cours ; ils connoissent les ressorts cachés qui les font agir ; ils se servent des lumieres qu'ils acquierent , et des talents que la nature leur a départis , pour diriger selon leurs vues les événements , autant que la prudence humaine peut avoir d'empire sur eux.

Vauban n'a jamais été chargé d'aucune mission qui eût rapport à cette partie du gouvernement des états. Il est à croire que la justesse et la pénétration de son esprit lui auroient toujours fait appercevoir les vrais intérêts de sa patrie , et découvrir aisément les vues hostiles de ses ennemis. Peut-être aussi la droiture et l'extrême franchise de son cœur auroient-elles nui à ses succès.

Mais il est une autre partie du gouvernement des états , qui touche les sujets d'une maniere plus sensible : c'est l'administration intérieure. Vauban , qui s'occupa toute sa vie de cet objet intéressant , qui porta sans crainte et sans déguisement les vœux du peuple au pied du trône , mérite , à juste titre , d'être appellé homme d'état, et d'être chéri comme un génie tutélaire.

L'homme sage qui se trouve dans l'heureuse situation de pouvoir être utile à sa patrie , ne se laisse point éblouir par la grandeur des projets qu'enfante son imagination : jaloux de ne faire aucune démarche hasardée , il s'appuie sans cesse sur l'expérience et l'observation ; il craint de négliger les moindres détails , et c'est ainsi qu'il s'assure du succès. Si Vauban , dans ses courses

fréquentes au travers du royaume, s'informoit
avec curiosité de la fertilité des terres, de l'in-
dustrie des habitants, de la part qu'ils suppor-
toient des charges publiques ; s'il observoit avec
intérêt des institutions utiles dans quelques unes
de nos provinces ; s'il s'efforçoit de pénétrer jusqu'à la cause de la misere du peuple dans d'autres, c'est qu'il n'ignoroit pas combien ces connoissances sont précieuses à tout administrateur
qui veut fonder ses calculs sur des bases solides ;
et il consacroit à les acquérir, tout le temps que
lui laissoient la paix et les devoirs de sa charge.

L'homme médiocre, au contraire, semble concevoir avec rapidité. Il parle avec aisance de ré-
formes, d'amélioration. Il donne des projets qui
paroissent quelquefois séduisants ; mais n'étant
point établis sur des observations antérieures et
nécessaires, une foule d'obstacles s'oppose à leur
exécution. Malheur au peuple, si les mains d'un
tel homme sont armées de l'autorité ! Il s'indigne
de la résistance ; et sous prétexte du bien public,
son amour-propre offensé devient le tyran le plus
dangereux.

O toi qui protégeas toujours la classe infortunée du peuple, ame de Vauban, ame pure et
citoyenne, reçois ici l'hommage de ta patrie !
jamais, non jamais ta modeste vertu n'eût fait
parler l'autorité en faveur de tes projets. C'est
par la persuasion que tu desirois qu'ils fussent
admis. Heureuse la France, si elle eût adopté

toutes les idées patriotiques que t'inspira ton cœur!

Nous devons à ce grand homme, MESSIEURS, plusieurs institutions encore existantes, qui attestent également ses talents, ses connoissances, et la justesse de ses combinaisons. Je vais essayer de vous décrire quelques uns de ces établissements. Vous verrez que les monuments qui nous restent de lui prouvent qu'il préféra toujours les idées utiles aux idées brillantes ; et qu'il chercha moins à devenir un homme célebre, qu'à être le bienfaiteur de ses concitoyens.

On s'étonnera sans doute que je compte au nombre des établissements faits par Vauban son projet de la dîme royale. Des hommes superficiels, et tout-à-fait étrangers à la chose publique, ont traité ce projet de rêverie, ou tout au moins d'idée abstraite, et qu'il est impossible de réaliser. Avant de condamner une opinion favorite de Vauban, n'auroient-ils pas dû la peser avec attention ? n'auroient-ils pas dû se rappeller que cet homme célebre, sensiblement affligé de la misere du peuple dans quelques unes de nos provinces, avoit cru ce moyen capable d'en alléger le fardeau ? Que diroient-ils, s'ils apprenoient que cette méthode de lever les impôts existe ; qu'elle existe en France, et qu'elle fait le bonheur des peuples qui l'ont adoptée ?

La Corse, il y a quelques années, ne recueilloit qu'avec peine les foibles impôts que le gouvernement lui avoit demandés. Ce pays n'est pas animé par le commerce, et n'a presque point d'argent monnoyé. Les états demanderent enfin et obtinrent la permission de lever ces impôts en nature et de les affermer : le premier bail doubla sur le champ les revenus de l'isle.

La Provence divisée en petits districts taxés à proportion de leur étendue et de leur fertilité, laisse à chacun d'eux le soin de répartir les charges publiques. La viguerie du Muy ne remettoit jamais que bien tard ses contribùtions aux états, elle laissoit dégrader ses chemins, et se trouvoit endettée d'une somme considérable, lorsqu'un homme de mérite vint prendre part à son administration. Il assemble la viguerie ; il persuade à ses concitoyens de lever leurs impôts en nature, et pour remédier aux maux présents, il leur propose d'offrir la cinquieme partie du produit de leurs biens. On se récria d'abord ; cependant le cinquieme fut perçu. Peu de temps après on n'eut plus besoin de s'imposer qu'au dixieme ; et au bout de quelques années, cette viguerie avoit acquitté toutes ses dettes, ses chemins étoient réparés, et ses habitants ne donnoient plus que la vingtieme partie de leur revenu. Ils jouissent encore de cette douce situation.

Heureux habitants ! conservez à jamais le souvenir de l'homme célebre qui prépara votre bonheur. Rendez un culte à sa mémoire ; c'est lui, c'est Vauban, qui s'efforça de propager l'idée

bienfaisante d'une dîme royale, que tout bon
François desireroit voir s'étendre de proche en
proche, et porter enfin le repos et la fertilité dans
tout le royaume. O grand homme! ô vrai citoyen!
tu fus toute ta vie occupé des moyens de soulager
l'indigence : tu vis que le fardeau des impôts
tomboit presque en entier sur la classe laborieuse
et peu fortunée des cultivateurs : tu voulus alléger ce fardeau au moins par tes conseils : tu
composas un livre uniquement pour cet objet :
tes précieuses méditations ont déja reçu le sceau
de l'expérience : et l'on révoque en doute l'au-
thenticité de ton livre ! et l'on traite tes idées de
rêveries !

Portez votre attention, MESSIEURS, sur ces
canaux destinés à la prospérité des états ; ouvrages vraiment dignes des hommes, faits pour élever leur ame, en considérant la grandeur des
obstacles à vaincre, et pour les pénétrer de reconnoissance envers le souverain, en faisant attention
à leur grande utilité. C'est par ces canaux que
les provinces d'un même royaume sont vraiment sœurs, et que tous les sujets d'un même
prince jouissent également de tous les bienfaits
que la nature leur a départis.

Vauban n'a pas imaginé l'art de réunir ainsi
les fleuves ; ce ne sont pas même les peuples de
l'Europe. Il y a des siecles que l'empire de la
Chine est divisé par des canaux semblables, qui
traversent dans tous les sens ce vaste royaume.

La difficulté n'est pas de concevoir l'idée d'un canal ; mais d'appercevoir les obstacles à vaincre, et d'indiquer les moyens de les surmonter. Voilà ce qui doit exciter notre reconnoissance envers l'homme que vous célébrez aujourd'hui. Dans ses fréquents voyages , il s'arrêtoit par-tout où il voyoit un canal possible et utile. Il n'en est peut-être pas un dans toute la France que Vauban n'ait reconnu ; et sur plusieurs il nous a laissé des détails si clairs et si précis , qu'il ne reste plus qu'à mettre la main à l'œuvre.

Contemplez ce génie parcourant les provinces du royaume. Il le voit divisé en grands bassins , par des chaînes de montagnes , qui se prolongent entre les lits des fleuves. Toutes les eaux de chacun de ces bassins descendent des hauteurs , pour se réunir dans un même cours , et former une riviere majestueuse, qui porte la vie et la fertilité dans une vallée riche et peuplée. Des bateaux à la rame et à la voile ornent ce canal creusé des mains de la nature , et annoncent un commerce florissant. Comment faire gravir à ces bateaux les hauteurs qui les séparent de la riviere voisine, pour les faire descendre ensuite doucement dans son sein ? Au milieu des inégalités de cette barriere Vauban apperçoit un col peu élevé, il y vole ; et de là contemplant ces deux bassins, il conçoit la possibilité de leur réunion. Il lui faut un réservoir d'eaux supérieures : une vallée peu éloi-

gnée s'offre à ses regards ; l'entrée en est étroite,
mais elle s'élargit en remontant : Vauban la ferme
d'une haute et épaisse muraille, et dès ce moment
toutes les eaux de la vallée ne forment plus qu'un
étang vaste et profond. Bientôt le canal se creuse
dans l'imagination de l'homme de génie ; il le voit
se prolonger sur le penchant des montagnes, des-
cendant lentement et par degrés ménagés avec art.
Un ruisseau traverse-t-il sa direction, et craint-on
qu'il ne trouble la tranquillité de ses eaux ? on pré-
pare un lit creux et recourbé dans lequel le foible
ruisseau se précipitera, pour reparoître de l'autre
côté du canal comme une source jaillissante, et
tel qu'il est sorti plus haut du sein des montagnes.
Il se présente quelquefois une chaîne de rochers
antiques, et que la mer n'a pu ronger lorsqu'elle
forma les bassins des rivieres ; faudra-t-il percer
ces masses et y pratiquer des routes étroites et
ténébreuses ? l'homme de génie en voit la possibilité ; mais l'homme sage, quelque opinion qu'il ait
des forces humaines, ne proposera jamais de vaincre un tel obstacle lorsqu'il sera trop grand ; il ai-
meroit mieux, par un long circuit, éviter un tra-
vail trop pénible. Voici un plus grand pas à faire.
Le canal, en suivant la pente des montagnes, arrive auprès d'une vallée étroite et profonde, qu'il
faut nécessairement traverser ; un torrent coule
au pied des rochers, et il faut le franchir : Vauban
éleve des arcades, et les couronne d'un lit cimenté

dans

dans lequel couleront les eaux du canal. Ses bords élevés rassureront un'jour les timides matelots qui suivront le cours d'une eau tranquille au - dessus d'un torrent rapide et furieux.

Ces grands ouvrages, Mᴇssɪᴇᴜʀs, exigent des dépenses énormes, et il n'est pas possible à l'administration la plus occupée de la prospérité de l'état, de les construire tous en même temps. Plusieurs de nos rois, jaloux de l'amour de leurs sujets, ont voulu signaler leur regne par la construction de quelques uns de ces canaux. Les princes à venir seront sans doute également envieux de cette gloire. C'est un genre de bienfait infiniment précieux pour une nation active. Les travaux de Vauban ont été si multipliés dans cette partie, qu'après des siecles il est possible qu'on exécute encore un de ses projets. Nos arriereneveûx lui seront alors redevables d'avoir vu tous les obstacles et indiqué les moyens de les vaincre.

Le plus grand bienfait de Vauban, Mᴇssɪᴇᴜʀs, est d'avoir assuré la tranquillité du royaume, en armant ses frontieres de plusieurs lignes de places fortes. L'art que perfectionna ce grand homme seconde peu les projets de conquête ; il retarderoit trop la marche rapide d'un conquérant. C'est un art de défense et de protection; et sous ce point de vue, il doit être recommandable aux yeux du citoyen paisible , dont le cœur soupire plus après la tranquille félicité de jouir, qu'après la gloire barbare de détruire.

La foiblesse a de tout temps imaginé de s'environner de murailles pour se défendre contre la force ; mais chaque ville n'a songé long-temps qu'à sa propre sûreté. La France étoit autrefois hérissée de forteresses et de châteaux. Quand le souverain conçut le dessein de faire servir l'amour du salut particulier au bien-être général, il détruisit, autant qu'il lui fut possible, ces postes inutiles et même dangereux, dans l'intérieur du royaume, et ne réserva que ceux des frontieres. Bientôt il en acquit la possesion ; mais ceux à qui la garde en fut confiée les envisagerent comme une propriété. La noblesse brigua le commandement des villes de guerre, les considérant moins comme des postes utiles à l'état, que comme des places de sûreté, des especes d'asyles contre leurs ennemis, et souvent même contre l'autorité légitime. Lameth gardoit pour moi Mézieres, dit le cardinal de Retz. Sur quelles combinaisons le souverain peut-il établir la défense générale de son royaume, quand de simples particuliers osent parler ainsi ?

Dès que Louis XIV eut pris les rênes du gouvernement, on le vit adopter un système général de défense. C'est à Vauban, MESSIEURS, que la France doit le projet salutaire de faire servir les forteresses à la protection de l'état, et non pas seulement du lieu où elles sont situées. Par ses conseils on rasa presque toutes les places de guerre qui restoient encore dans l'intérieur du royaume ; on n'en réserva qu'une ligne le long des côtes de la mer, et seulement pour défendre les principaux ports. Aux lieux où de hautes montagnes bordent les frontieres, Vauban se contenta de garder les passages les plus aisés. Il reste peu de chose à faire à l'art dans des postes ainsi fortifiés par la nature. Sur les bords d'un grand fleuve, les villes de guerre peuvent être grandes et éloignées, par la facilité qu'elles ont de se protéger mutuellement. Enfin, si la frontiere est un pays totalement ouvert, les places y sont plus multipliées, disposées sur plusieurs lignes différentes ; et leur distance est fixée de maniere qu'un corps de troupes ne peut se glisser entre elles sans danger. L'homme de génie combine ainsi les défenses naturelles et celles de l'art, cherchant à mettre l'équilibre de résistance sur toutes les frontieres d'un royaume. Le souverain tient aujourd'hui les clefs de toutes les places ; il les fait garder par ses troupes, et leur force n'est employée qu'à maintenir la paix et la tranquillité de l'état. C'est un bienfait dont il est possible de prévoir la longue durée.

Je n'ignore pas qu'une partie de la nation croit en devoir la reconnoissance à Louvois ; mais je crois qu'elle se trompe. Les fautes que ce ministre fit faire à son maître dans la guerre de Hollande, prouvent que son esprit , tout pénétrant qu'il étoit, ne voyoit pas les bornes de ce grand et utile dessein. Il est donc vraisemblable qu'il n'étoit pas de lui.

En armant ainsi nos frontieres d'un nombre encore assez grand de places fortifiées, il ne faut pas croire que Vauban cherchât à les multiplier sans nécessité. Toujours modéré, toujours guidé par la justesse de son esprit, il s'est borné au seul nécessaire. C'est ici le lieu de disculper sa mémoire d'un reproche qui seroit grave s'il étoit fondé. On dit que Vauban a travaillé à plus de cent trois places ; et supposant ensuite que ces places ont été construites en entier, et qu'elles ont au moins la capacité d'une forteresse de six bastions, on estime que la dette occasionnée par les travaux de ce grand ingénieur monte à quatorze cents millions de notre monnoie. Je n'opposerai qu'un fait à ce calcul effrayant : cent cinquante millions ont suffi pour la construction et l'entretien des forteresses pendant tout le temps que Vauban a géré la charge de commissaire général des fortifications. Il est facile à tout le monde de le vérifier.

On attaque ses grandes vues d'une autre maniere : on dit que des places fortifiées sont de foibles boulevards ; on va même jusqu'à les croire inutiles, et on cite la guerre de la Succession pour le prouver. Je la citerai de même, et pour prouver le contraire. Les triomphes du prince Eugene

et du duc de Marlborough avoient inspiré les crain-
tes les plus vives ; nos meilleures forteresses cé-
doient à l'ascendant de leurs armes victorieuses ;
la Flandre étoit presque toute conquise : cependant, après dix ans d'une guerre malheureuse,
après quatre grandes actions fatales à la France,
ce royaume avoit encore une armée et n'étoit pas
ouvert. Il est vrai que Landrecie étoit son dernier
boulevard ; mais autrefois, après trois batailles per-
dues, le grand empire des Perses fut détruit.

Il n'est guere, je l'avoue, de places imprena-
bles : ne suffit-il pas qu'elles résistent assez pour
diminuer les forces des ennemis, et donner le
temps de réparer les malheurs qu'on éprouve ? Si
le prince Eugene avoit eu, vers la fin de la guerre
de la Succession, toutes les forces qu'il comman-
doit au plus haut point de sa gloire ; si son armée
n'eut pas été affoiblie par la prise de plusieurs forteresses, on peut douter, je pense, que l'affaire
de Denain eût aussi bien réussi.

Mais où m'arrété-je ? et quelle discussion !
veux-je prouver ce qui est senti par tout le monde ?
Oui, Messieurs, le génie de Vauban fut le protec-
teur de ce royaume. Il l'est encore de nos jours,
et le sera pour nos derniers neveux. Il a relégué la
guerre et ses maux sur les confins de l'état. Ce
fléau aura désormais ses bornes, et ne pourra les
franchir ; semblable à la mer, qui vient se briser
en écumant contre les rochers qui la bordent. Le

citoyen vit dans la plus grande sécurité ; il se plaît
à montrer à ses enfants les procédés des arts , cer-
tain qu'ils jouiront sans trouble du fruit de leur in-
dustrie. Le laboureur ne craint plus de voir mettre
le feu à sa chaumiere, arracher ses moissons, enlever les fruits de son verger. Lorsque la guerre se
rallume, le villageois de la frontiere ne se détourne
même plus de ses travaux. Les peuples de l'Europe ont appris qu'on ne se rend point maître
d'une contrée en la dévastant ; mais qu'il faut être
possesseur des forteresses qui la défendent. Tout
l'effort des attaques se tourne donc contre les
remparts, et les travaux de la campagne se font
avec tranquillité au bruit du canon qui retentit
dans leur voisinage.

Livrez-vous, paisibles citoyens, aux occupations
que votre goût a choisies ; faites fleurir les arts et
le commerce ; vos freres armés veilleront de loin
sur votre repos, protégés par des remparts qu'é-
leva la main d'un génie tutélaire : mais n'oubliez
jamais que vous devez à ce génie un tribut d'a-
mour et de reconnoissance.

C'est ici le lieu, Messieurs, de vous entretenir
des vertus de ce grand homme, quand le souvenir
de ses bienfaits vous pénetre déja de vénération
pour lui. Son courage brilla dès sa plus tendre
jeunesse , et le fit de bonne heure distinguer
par ses chefs. Il porta bientôt au milieu des dan-
gers un esprit observateur, et montra toujours ce

sang froid si précieux dans un général. Son amour
pour la vérité fut extrême ; il le conserva jusqu'au
milieu de la cour, et n'y cacha point son horreur
pour le mensonge et la flatterie. Il osa parler à son
maître de ses devoirs avec la noble franchise d'un
militaire qui redoute peu les disgraces. Toutes ses
actions, en un mot, annonçoient en lui la force
d'ame, cette premiere vertu des héros. Mais ce
caractere fier étoit adouci par l'amour de l'humanité. Personne n'a porté aussi loin cette noble pas-
sion ; elle étoit le principe de toutes ses démarches.
L'infortune, sur-tout, touchoit la sensibilité de
son ame. Avec quelle délicatesse, avec quels mé-
nagements il la combloit de bienfaits ! Nul homme
n'aima plus que lui sa patrie : il fut toujours prêt
à sacrifier pour elle les vaines prérogatives des ti-
tres et des dignités. Ce vertueux citoyen chéris-
soit tous les François comme ses freres ; il auroit
voulu que le sourire du bonheur brillât jusque
sur les fronts de la derniere classe de l'état. Qu'il
est intéressant de voir cette belle ame se charger
de la reconnoissance générale, et remercier au
nom de tous un bienfaiteur du peuple ! Ce trait
seul suffiroit pour le peindre, et le faire chérir à
jamais de tous les cœurs françois.

O mes concitoyens ! élevez votre voix, portez
vos vœux aux pieds du trône, obtenez qu'au lieu
du froid compas dont on a cru décorer la statue de
ce grand homme, il soit représenté tenant un bou-

clier d'une main, pour marquer la protection que
son art a donnée à nos biens et à nos vies; et de
l'autre les signes de l'abondance et de la fertilité,
fruit des soins et des peines qu'il n'épargna jamais
pour la prospérité de l'état, et sur-tout pour le
soulagement des malheureux; emploi qui fut toujours le plus cher à son cœur.

F I N.

www.ingramcontent.com/pod-product-compliance
Ingram Content Group UK Ltd.
Pitfield, Milton Keynes, MK11 3LW, UK
UKHW021148140726
13695UKWH00005B/2015